우리도 할 수 있어!

탄소 중립

신영미 지음

글 신영미

사랑, 웃음, 눈물, 꽃, 아이…
저는 돈으로 살 수 없는 것들을 사랑합니다. 어느 날 소중한 건 눈에 잘 보이지 않는다는 걸 깨달았거든요.
어렸을 때부터 호기심 많고 엉뚱발랄했어요. 사랑으로 이해해주신 부모님 덕분에 매력 있는 사람으로 성장할 수 있었죠.
요즘은 학교에서 환경생태교육 강사로 아이들과 함께 자연을 만나고 있어요.
어제보다 오늘의 세상이 좀 더 아름다워지기를 소망합니다. 그래서 귀담아듣고, 생각하고, 많이 배우며 살고 있답니다.
쓴 책으로는 〈생각하는 나무〉, 〈미래 식량, 곤충 먹는 아이들〉이 있습니다.

우리도 할 수 있어!
탄소 중립

신영미 지음

와이

"오빠가 있잖아!"

오빠 '와이'는 여동생 '키키'와 옥신각신 다투기는 하지만
누군가 키키를 놀리거나 괴롭히면 번개처럼 나타나 동생을 구해주곤 해요.
"내 동생은 내가 지킨다."
미운 동생이라도 키키를 가장 아끼는 멋진 와이!
기상천외하지만 이상하게 마음이 끌리는 우리들의 이야기가 궁금하죠?
아래 QR코드를 찍으면 유튜브 <와이키키남매> 채널에서 더 자세하게 볼 수 있답니다.

와이키키남매
유튜브 만나러 가기!
▼

키키

"세상은 신기해!"

키키는 호기심이 참 많아요.
'개와 고양이는 왜 귀여울까?'
'여행할 때는 바다가 좋을까, 산이 좋을까?'
궁금해서 다양한 체험에 나서는 일이 익숙하지만 가끔은 새로운 도전이 두렵게 느껴질 때도 있답니다. 하지만 걱정하지 않아요. 키키 옆에는 듬직한 오빠 '와이'가 있거든요.
사랑이 넘치는 우리들의 이야기는 유튜브 <와이키키남매> 채널에서 더 많이 만날 수 있지요.
그럼 함께 보러 갈까요?

프롤로그

지금 당장 실천하는 '탄소 중립' 함께해요!

안녕하세요, 유튜브 크리에이터 '와이키키 남매'입니다.

요즘 부쩍 생각이 많아졌어요. 세상을 배우기 위해 다양한 경험에 도전하면서 우리의 일상이 이전과 많이 달라졌다는 것을 알게 됐거든요. 온라인 수업이 자연스러워졌고, 수술하는 의료진이나 연예인이 얼굴을 가리기 위해 쓰던 마스크를 이제는 누구나 쓰고 있지요.

도대체 왜 이렇게 변한 걸까요?

가장 의심되는 게 바로 코로나19랍니다. 코로나19 바이러스는 본래 야생 동물 몸속에 있던 바이러스가 사람의 몸으로 옮겨 와서 널리 퍼졌기 때문이래요. 물론 발병의 원인은 다양하고 복합적이지만 결국 동물 서식지 파괴가 핵심이라는 사실! 인구가 증가하면서 사람들이 개발을 목적으로 동물들이 사는 곳을 침범했잖아요. 이렇게 자연을 파괴한 결과가 전염병으로 나타난 것입니다.

그런데 앞으로 위험이 더 커질 수밖에 없대요.

혹시 '역사상 최악의 초대형 산불', '100년 만의 최대 폭우', '기상 관측 이래 최고 폭염'이라는 제목의 뉴스를 들어 본 적이 있나요? 이는 기후 위기로 고통을 겪는 오늘날 우리의 모습입니다. 수많은 사람이 기후 위기로 목숨을 잃었고 지금도 기후 난민이 계속 발생하고 있어요. 지구에 사는 모든 생물체의 생존을 위협하는 아주아주 심각한 문제죠. 그래서 코로나19가 두통과 감기 같은 가벼운 질병이라면 기후 위기는 뇌졸중이나 암 같은 중증 질환이라고 할 수 있답니다.

이제 환경을 지키는 것은 전 지구적 문제이면서 반드시 풀어야 하는 숙제가 됐어요.

이 문제를 해결하기 위해 우리가 나아가야 할 올바른 방향을 결정하고, 지금 당장 무엇을 어떻게 할지 구체적인 방법을 찾아야만 합니다. 시간이 많지 않기 때문이에요. 그레타 툰베리처럼 환경 운동가가 아니라도 각자의 일상에서 저탄소 생활을 실천해야 한답니다. 그런 우리의 행동들이 모여서 지구를 구하는 큰 힘이 될 테니까요!

차례

저자소개	02
등장인물	04
프롤로그	06
1장 기후 위기	10
우리나라도 바닷물에 잠길 수 있어요	12
지구 온난화와 기후 위기는 무슨 관계예요?	14
기후 위기의 주범을 고발합니다	16

2장 탄소 중립 시대 … 18
- 탄소 중립이 뭐예요? … 20
- 탄소 중립 시대를 향해 … 22
- 육식이 왜 문제인가요? … 26
- 곤충을 먹는 사람들 … 30
- 내가 버린 옷이 기후 위기를 앞당겨요 … 34

3장 지구를 구하는 탄소 중립 … 36
- 숲과 바다에 더 많은 생명이 살게 하려면 … 38
- 착한 에너지가 지구를 구해요 … 40
- 탄소 배출 없는 집이 있다구요? … 42
- 시시콜콜 실천하는 탄소 중립 … 46
- 탄소 중립 여행을 떠나요 … 48

에필로그 … 58

1장
기후 위기

- 우리나라도 바닷물에 잠길 수 있어요
- 지구 온난화와 기후 위기는 무슨 관계예요?
- 기후 위기의 주범을 고발합니다

우리나라도 바닷물에 잠길 수 있어요

태평양에 있는 투발루는 수몰 위기에 처한 섬나라예요. **지구 온난화에 따른 해수면 상승으로 2060년 무렵이면 투발루 대부분이 물에 잠길 거라고 합니다.** 9개 섬으로 이뤄진 투발루의 섬 2개는 이미 물에 잠긴 상태죠. 사이먼 코페 투발루 외교 장관은 기후 변화로 존폐의 갈림길에 놓여 있는 현실을 알리기 위해 제26차 유엔기후변화협약 당사국총회(COP26)에서 허벅지까지 차오른 바닷물에 들어가서 연설을 하기도 했습니다.

▲ 수몰 위기에 처한 투발루

그러나 안타깝게도 투발루와 키리바시, 몰디브 같은 작은 섬나라들은 머잖아 나라가 바닷물에 잠길 수밖에 없답니다. 그럼 이 나라 사람들은 어디에서 살아야 할까요? 한마디로 졸지에 나라를 잃고 어디로 가야 할지 고민하는 기후 난민 신세가 되는 것입니다.

유엔 난민 기구(UNHCR)에 따르면 해마다 2천만 명이 넘는 기후 난민이 생기고 있으며 이는 전쟁 난민보다도 많은 수치라고 합니다. 이런 비극이 과연 먼 나라 이야기일까요?

해안가에 많은 인구가 몰려 사는 인도양 연안의 방글라데시 역시 피해가 극심한 나라 중 하나입니다. 저지대가 많은 네덜란드나 미국의 미시시피강 하구, 중국 양쯔강과 황허강 하구 등도 위태로워진대요.

우리나라도 안전하지 않아요. 부산 낙동강 하구에 을숙도가 있지요. 이곳은 낙동강이 남해와 만나는 곳으로 겨울 철새들의 안식처이기도 한 섬이에요. 그런데 최근 을숙도가 물에 잠겨 사라질 수 있다는 연구 결과가 있습니다. 지구 평균 온도가 올라가면서 바닷물 높이가 높아졌고 을숙도뿐만 아니라 섬진강 하구의 광양만, 영산강 하구의 목포 등도 문제가 될 수 있다고 해서 정말 걱정이에요.

지구 온난화와 기후 위기는 무슨 관계예요?

환경 다큐멘터리를 보면 멸종 위기에 처한 북극곰 이야기가 많이 나와요. 빙하가 녹아서 북극곰들이 먹이를 구할 데가 없어지고 있다는 내용이지요. **피해의 이유는 단연 지구 온난화 때문입니다.**

지구 온난화는 여러 가지 환경 파괴로 인해 지구의 평균 온도가 상승하는 현상이에요. 또 지금까지 살아왔던 지구 생활환경이 바뀌는 것을 의미하죠. 이렇게 지구 전체의 온도가 올라가면서 기후가 달라지는 현상이 세계 여러 지역에서 나타나고 있답니다. 그런데 기후가 정확히 무엇을 의미하는지 잘 모르겠죠?

날씨는 매일 달라지는 기온과 바람, 비 등의 대기 상태를 말해요. 반면 기후는 특정 한 지역에서 30년간 날씨를 평균한 것이에요. 쉽게 말해서 날씨가 그날그날 바뀌는 우리의 기분이라면 기후는 좀처럼 변하지 않는 사람의 성격이라고 생각하면 이해하기가 쉬워요. 그래서 "내일은 구름

한 점 없이 맑겠습니다"는 날씨이고, "한국의 여름은 무덥고 습합니다"라고 한다면 기후를 말하는 것입니다. 이렇게 기후는 쉽게 변하지 않는 특성이 있지만, 근래 기후 변화가 인간과 지구 생태계를 위기로 몰아넣고 있어 기후 위기라고 부른답니다.

기후 위기 문제 중 가장 심각한 것은 남극에 있는 빙하가 점점 녹고 있다는 사실이에요. 이로 인해 해수면이 상승하기 때문입니다. 설명을 들어보세요. 지구상의 물 대부분은 바닷물이고, 육지에는 2.8% 정도의 물이 있답니다. 육지의 물은 강과 호수, 지하수, 빙하 등으로 존재하죠. 그런데 육지의 물 77%가 빙하예요. 특히 남극 대륙의 빙하가 전체 빙하 중 86%를 차지합니다. 결국, 남극 빙하가 녹아서 바다로 흘러드는 바람에 바닷물의 높이가 점점 높아지는 거예요.

기후 위기의 주범을 고발합니다

　지구 생태계를 위협하는 기후 위기의 주범은 바로 온실가스입니다. 온실 효과를 일으키는 가스를 통틀어 온실가스라고 말해요. 여기서 말하는 온실 효과는 지구 표면에 부딪친 햇빛이 온실가스층에 가로막혀 대기권 밖으로 나가지 못하고 다시 지구 표면으로 반사돼 지구를 뜨거워지게 만드는 현상이에요.

　온실가스 종류에는 이산화탄소(CO_2), 메탄(CH_4), 아산화질소(N_2O) 등의 기체가 있지요. 그중에서도 기후 위기를 일으키는 데 가장 큰 비중을 차지하는 게 이산화탄소입니다. 인간 활동으로 배출되는 전체 온실가스의 70~80%를 차지하죠. 이산화탄소는 석유, 석탄, 천연가스 등 화석 연료를 에너지로 사용하려고 태울 때 뿜어져 나와요. **따라서 산업 발전을 위해 지나치게 많이**

배출된 탓에 지구 기온이 올라가게 되었고 그 결과로 지구의 기후 시스템 전체가 무너지게 된 것입니다.

이산화탄소보다 온실 효과가 23배나 더 강한 것이 바로 메탄이에요. 전체 온실가스 중 15~20% 정도를 차지하며 대개 농업, 축산, 쓰레기 매립과 처리 과정 등에서 메탄이 발생한답니다. 또한 온실가스의 6~10%를 차지하는 아산화질소는 이산화탄소보다 무려 300배 이상 온실 효과가 큰 물질이에요. 전 세계 아산화질소 배출의 65%가 축산업에서 나오며 농업에 사용되는 비료 등에서도 발생하고 있지요.

지금 현재에도 온실 효과 기체는 지속적으로 증가하고 있습니다. 온실가스는 인간의 에너지 사용과 깊은 관계가 있기 때문이에요. 공장에서 물건을 만들 때, 자동차를 탈 때, 실내 냉·난방을 할 때처럼 에너지 없이는 일상생활이 불가능한 탓입니다. 그래서 지구 온난화와 기후 위기로 인한 피해가 언제, 어디에서 발생할지 아무도 예측할 수 없어요. 다만, 온실가스를 최대한 줄이는 것만이 지속 가능한 지구를 만들 수 있는 유일한 방법이랍니다.

2장

탄소 중립 시대

- 탄소 중립 시대
- 탄소 중립이 뭐예요?
- 탄소 중립 시대를 향해
- 육식이 왜 문제인가요?
- 곤충을 먹는 사람들
- 내가 버린 옷이 기후 위기를 앞당겨요

탄소 중립이 뭐예요?

 폭염과 가뭄, 초강력 태풍, 집중 호우, 대형 산불, 해수면 상승 등의 공포에서 더 이상 우리는 자유로울 수 없습니다. 대멸종이라는 말이 오르내릴 정도로 지구 곳곳에서 인류의 생존이 위협받고 있으니까요.

 지구상에 존재하는 생물의 75% 이상, 전체 생물의 4분의 3 이상이 사라지는 걸 대멸종이라고 합니다. 지금까지 지구에는 대멸종이 총 다섯 번 있었고 공룡이 사라진 게 6,500만 년 전에 일어난 다섯 번째 대멸종이에요. 가장 규모가 컸던 세 번째 대멸종 때에는 지구 생명체의 95% 이상이 사라졌대요. 그런데 이렇게 무시무시한 대멸종 사태의 조짐이 현재 지구상에 보인다는 겁니다. 여섯 번째 대멸종을 말하는 거겠죠?

 인간이 사라질지도 모른다니……. 빨리 해결책을 찾아야 하겠습니다.

기후 위기의 가장 확실한 해결책은 바로 탄소 중립입니다.

탄소 중립이란 인간의 활동으로 발생하는 이산화탄소의 배출량을 '0'으로 만드는 거예요. 다른 말로는 '탄소 제로' 혹은 '넷 제로'라고 해요. 먼저 이산화탄소 발생량을 줄이고, 또 배출된 이산화탄소를 흡수하는 기술 등 여러 노력을 통해 결과적으로 이산화탄소 배출량을 실질적으로 제로(0) 상태로 만든다는 것입니다.

탄소 중립 시대를 향해

 18~19세기 산업혁명 이후 200여 년간 전 세계의 평균 기온은 약 1도 정도 올랐습니다. 앞으로 지구 평균 기온이 1.5도보다 더 높아지면 시베리아와 알래스카 같은 영구 동토층이 녹는 등 지구 스스로 이산화탄소를 내놓게 되어 돌이킬 수 없는 재앙을 초래할 수도 있대요. 그래서 유엔 산하 '기후 변화에 관한 정부 간 협의체(IPCC)'는 이산화탄소 배출량을 2030년까지 2010년 대비 45% 줄이고, 2050년에는 탄소 중립을 해야 한다고 밝혔습니다.

 세상은 이미 탄소 중심으로 바뀌고 있어요. 우리가 살길은 탄소 중립밖에 없기 때문이죠. 탄소 중립을 실현하려면 국가 정책을 비롯  해 기업 경영, 개인의 생활 방식까지 모조리 바꿔야 한답니다.

부끄럽지만 우리나라는 국제 사회에서 '기후 악당 국가'에 해당합니다. 실제로 엄청난 양의 온실가스를 배출하는 비행기 공항 건설을 정부가 앞장서서 추진하고 있으며, 국내 전체 온실가스의 30%를 차지하는 석탄 화력 발전소를 건설하는 등 탄소 중립과 어긋나는 정책을 펴고 있지요. 또 비용이 늘어난다는 이유로 이산화탄소를 배출한 만큼 세금을 내도록 하는 '탄소세' 추진에 반발하는 기업들은 어떻습니까?

2026년 유럽 연합에서 시행할 '탄소 국경세'는 수입품 가운데 유럽 내에서 생산한 것보다 탄소를 더 많이 배출한 제품에 대해 추가로 부담금을 물리는 제도입니다. 탄소를 많이 배출하는 철강, 시멘트, 알루미늄, 비료 등의 산업부터 이 제도를 적용한다니 우리나라도 공장에서 물건을 만들 때 탄소를 배출하지 않는 방법이나 기술을 연구하는 것이 현명하지 않을까요?

사람이 발생시키는 온실 기체의 총량인 '탄소 발자국'은 상품을 생산·유통·소비·폐기하는 과정에서 발생하는 모든 이산화탄소의 양을 수치로 나타낸 것이에요. 탄소 발자국을 계산해 보면 내가 일상생활을 하면서 얼마나 많은 이산화탄소를 배출하는지 알 수 있지요. 이를 활용해서 우리 모두 가능하면 탄소 발생량이 적은 제품을 사용하고 탄소 발자국을 줄이려는 노력을 꾸준히 해야 한답니다.

물론 기후 위기에 적극적으로 대응하면 당장은 비용이 늘어날 수도 있을 거예요. 하지만 장기적으로 봤을 때는 경제적으로 큰 이익이 된다는 것을 정부와 기업, 시민들이 공감하면 좋겠습니다.

출처 : 환경성적표지 홈페이지

  탄소 발자국은 개인 또는 단체가 대기로 방출한 온실가스 발생량을 이산화탄소 배출량으로 환산하여 라벨 형태로 제품에 표시됩니다.

  한편, 저탄소 제품은 환경성적표지 인증을 받은 제품 중 '저탄소 제품 기준' 고시에 적합한 제품을 말합니다. 이런 환경성적표지 제도는 제품과 서비스의 환경 영향을 정확하고 투명하게 공개함으로써 지속적인 환경개선을 유도하려는 것입니다.

육식이 왜 문제인가요?

전 세계에서 사막화가 진행되고 있어요. 실제로 매년 우리나라 면적의 5분의 3에 해당하는 면적이 생물이 살기 힘든 사막으로 변하고 있대요. 몽골의 사막화는 국토 면적의 78%로 피해가 가장 심합니다. 중국은 45%가 황폐해졌고, 미국은 국토의 30%가 사막이거나 사막화가 진행되는 곳이지요. 따라서 경작지와 숲이 급속하게 줄어들고 있고 이 또한 기후 위기가 그 원인이랍니다.

먹거리와 물이 부족해지는 기후 위기는 곧 식량 위기를 예고합니다. 그런데 세계 인구 급증으로 필요 식량은 더 늘어나고 있죠. 그래서 전문가들은 미래 세계는 곡물을 두고 경쟁하게 될 것이며 급기야 식량 전쟁까지 일어날 수 있다고 말합니다. 이처럼 기후 위기는 국가 안보와도 직결되는 문제랍니다.

특히 피해를 키울 수 있다고 지목된 것이 축산업이에요. 유엔 식량농업기구(FAO)에 따르면 가축의 트림이나 방귀를 통해 발생하는 메탄 등 축산업에서 배출되는 온실가스는 지구 전체의 16.5%에 달합니다. 이는 자동차가 내놓는 온실가스 15%보다 많은 양이지요. 따라서 고기 섭취를 줄이는 일이 자동차를 적게 타는 것보다 지구 온난화를 줄이는 데 더 효과적인 방법이 될 수도 있다는 것입니다.

더구나 전 세계 농지의 70% 이상은 가축이 먹는 사료를 재배하는 데 쓰여요. 만약 우리가 먹을 곡식이 없어 기아에 허덕이는 가난한 나라 사람들 입장이라면 어떨까요? 깊이 고민해 봐야 할 문제입니다.

그럼, 세계인이 육식을 줄인다면 탄소 중립에 도움이 될까요? 네, 맞습니다.

육식으로 야기되는 여러 환경 문제를 해결하는 방법으로 육식을 줄이는 식습관 개선이 좋은 방법이 될 수 있어요. 최근 채식 대중화나 식물성 대체육 시장이 커지고 있는 것도 같은 이유랍니다. 이미 대체육은 일상에서 쉽게 만날 수 있지요. 라면의 건더기 수프에 고기처럼 보이는 것이 대체육이랍니다. 식물 중 단백질이 풍부한 콩을 원료로 만들기 때문에 콩고기라고도 하지요.

고기와 가장 비슷한 건 배양육이랍니다. 배양육은 동물세포를 배양해 고기를 만들기 때문에 맛이나 식감에서 진짜 고기와 차이가 거의 없다고 해요. 하지만 가격이 비싸고 이산화탄소 감소 효과도 크지 않다는 게 단점입니다.

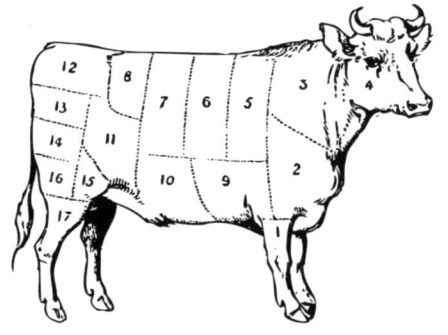

곤충을 먹는 사람들

　건강한 지구를 만드는 방법이 거창한 것만 있는 것이 아니에요. 식단을 바꾸는 노력만으로도 효과를 볼 수 있답니다. 예를 들어 우리가 육류와 어류 소비를 줄이면 이산화탄소 배출량을 감소하게 하는 행위가 되는 것이죠. 농장을 만들기 위해 숲을 파괴하거나 무분별한 남획을 할 필요성이 줄어들게 되니까요.

　하지만 현실은 녹록치 못한 상황입니다. 세계 인구는 계속 늘어나고 있으며 무엇보다 개인의 식습관을 강제할 수도 없지요. 다만 채식을 하는 사람들이 늘어나는 추세여서 다행스러운 일입니다. 문제는 채식만으로는 필수 영양소인 단백질을 얻기가 쉽지 않다는 것. 그래서 2013년 5월 유엔식량농업기구(FAO)는 단백질 대안 식품으로 '곤충'을 제시했습니다. 친환경적이면서도 영양까지 풍부한 곤충을 미래 식량으로 인정한 것입니다.

곤충 단백질은 몸 전체의 절반 이상으로 육류와 같은 양을 비교했을 때 고기보다 단백질 함량이 높답니다. 사육 과정에서도 사료와 물 소비량이 육류의 10분의 1에 불과해 친환경 산업으로 주목받고 있어요.

이런 환경적 가치와 영양을 두루 갖추었기에 우리나라 농촌진흥청에서는 먹을 수 있는 곤충인 '식용 곤충'을 선정해 관리하고 있답니다. 농촌진흥청에서 발표한 우리나라 식용 곤충은 옛날부터 한약재나 간식 또는 반찬으로 먹어 왔던 벼메뚜기 성충, 누에 번데기, 백강잠을 비롯해 갈색거저리 유충(고소애), 흰점박이꽃무지 유충(꽃벵이), 장수풍뎅이 유충(장수애), 쌍별 귀뚜라미 성충(쌍별이), 아메리카왕거저리 유충, 수벌 번데기, 풀무치 성충까지 총 10종입니다.

그러나 영양 많고 환경적인 가치가 높다고 해서 징그러운 곤충을 먹을 수 있나요? 햄버거, 피자, 치킨, 불고기, 족발 등등 먹거리가 넘쳐나는 세상에서 말이죠.

곤충을 먹는 풍습은 배는 고픈데 먹을 것이 없는 가난한 곳에서 생겼습니다. 라오스나 베트남, 타이 등지에서는 장구애비를 먹어요. 특히 라오스 사람들은 바퀴벌레 알을 볶아서 먹거나 큰 거미를 구워 먹기도 하지요. 정글에 사는 어느 아마존 인디언들은 20종의 곤충을 먹고 있대요.

하지만 여러분, 세상은 변합니다.

요즘 유럽, 일본, 미국 등 식용 곤충을 전문적으로 연구하는 선진국이 많아요. 왜일까요? 인류를 구할 먹거리가 곤충이기 때문일까요? 여러분은 기후 위기를 극복하는 가장 슬기로운 방법이 무엇이라고 생각하나요?

분명한 것은 우리가 먹는 것이 지구의 미래가 될 수 있다는 거예요. 또한 기후 위기 시대에 대응하는 탄소 중립 실천에 관심을 높여야 한다는 것입니다.

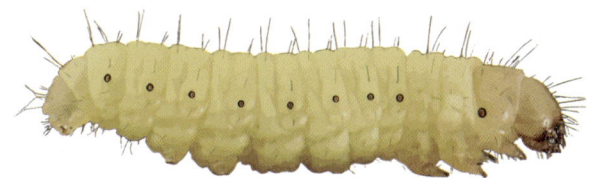

내가 버린 옷이 기후 위기를 앞당겨요

 우리가 살아가기 위해 반드시 필요한 것이 의식주라는 건 다들 알죠? 그런데 옷과 음식, 집을 비롯해 우리의 일상생활은 기후 위기와 아주 밀접한 관계를 맺고 있답니다. 앞서 얘기한 식습관 문제는 탄소 중립을 위해 무엇을 먹을 것인가를 고민하는 거였죠. 먹거리만큼이나 어떻게 입는가 하는 것도 기후 위기와 직결되는 사항이에요.

 그동안 우리는 옷을 너무 쉽게 사고 너무 쉽게 버렸어요. 유행에 따라 한철 입고 버려도 아까워하지 않았죠. 패스트푸드처럼 옷에도 '패스트 패션'이 있기에 가능한 일이었습니다. 멋을 내기 위해서는 트렌디 룩을 입어야 하는데 저렴하게 살 수 있잖아요. 얼마나 좋습니까?

 이를 위해 패스트패션 브랜드는 나일론이나 아크릴 등 값싼 합성섬유를 사용해 옷값을 낮춥니다. 그런데 합성섬유는 플라스틱과 유사해 쉽게 분해되지 않기 때문에 결국 환경오염을 유발하죠. 이렇게 전 세계 이산화탄소 배출량의

10%가 의류산업에서 나와요.

옷을 만드는 과정에서 낭비되는 물의 양도 엄청납니다. 티셔츠 한 장을 만들 때 사용되는 물의 양은 약 2,700리터 정도로, 한 사람이 2.5년간 마실 수 있는 물의 양이라고 해요. 옷감을 염색할 때 발생하는 폐수도 문제이며 석유를 원료로 만든 옷감의 옷은 버리거나 세탁할 때 미세 플라스틱이 잔뜩 나오기 때문에 하천과 바다, 결국 지구를 오염시키게 된답니다.

이에 패션업계는 재활용 섬유, 식물성 가죽, 업사이클링 등 지속 가능한 의류 생산에 나서겠다고 밝혔습니다. 과연 이런 게 옷으로 인한 환경오염 해결책이 될 수 있을까요?

인간의 의식주는 어쩔 수 없이 크고 작은 환경오염을 낳게 됩니다. 따라서 핵심은 생각 없이 사는 옷 소비를 줄이고, 구매한 옷은 오래 입는 것입니다. 조금씩 수선해서 입거나 입기 싫은 옷은 체형이 비슷한 사람끼리 바꿔 입는 것도 좋은 방법이겠죠?

3장

지구를 구하는 탄소 중립

- 지구를 구하는 탄소 중립
- 숲과 바다에 더 많은 생명이 살게 하려면
- 착한 에너지가 지구를 구해요
- 탄소 배출 없는 집이 있다구요?
- 시시콜콜 실천하는 탄소 중립
- 탄소 중립 여행을 떠나요

숲과 바다에 더 많은 생명이 살게 하려면

 2050년 탄소 중립을 실현하려면 이산화탄소 배출량 감소와 더불어 흡수 역시 중요하답니다. 이산화탄소 흡수원을 늘리는 방법으로는 식물이 효과적일 거예요. 나무는 광합성을 하면서 온실가스인 이산화탄소를 흡수해 줄기와 가지, 뿌리, 잎사귀에 저장해요. 그리고는 산소까지 선물한답니다. 토양 침식과 홍수, 가뭄으로부터 수많은 생명체를 지키고 서식지까지 제공하죠. 정말 놀랍지 않나요?

 해양 생물을 마구 잡는 남획도 막아야 합니다. 어린 물고기뿐만 아니라 해양 생태계를 지켜야 하기 때문이에요. 또 바다가 건강해야 탄소 흡수력도 보존할 수 있어요. 바다숲(해조류)과 갯벌 등에는 이산화탄소를 흡수·저장하는 기능이 있거든요. 실제로 제주 해안에 조성된 바다숲에서 연간 약 3만 3525톤의 이산화탄소를 흡수하고 있대요. 이는 자동차 약 2만 2천대에서 배출하는 이산화탄소 분량이랍니다. 이로써 바다숲은 수산 생물의 서식·산란장 외에도 온실가스 감축에 큰 역할을 한다는 것을 알 수 있지요.

이렇듯 뜨거워진 지구를 다시 시원하게 만들려면 편리한 생활을 위해 사라져 간 숲과 바다 생태계를 복원시켜야 합니다. 다행히 청정 자연환경은 스스로 치유하는 능력이 있다고 하니까요, 자연에 순응하는 우리의 자세가 중요하답니다. 이제 방법을 알았다면 당장이라도 삶의 방식을 바꿔야 하지 않을까요? 지구와 공존하기 위해서는 탄소 중립을 실현해야만 하잖아요!

착한 에너지가 지구를 구해요

　기후 위기는 에너지 문제라고 해도 과언이 아닐 정도예요. 왜냐하면 화석 연료로 만든 에너지를 사용할 때 온실가스가 발생하기 때문입니다. 전 세계에 배출되는 이산화탄소의 절반은 산업 부문에서 나와요. 특히 철강, 시멘트, 석유 화학, 플라스틱, 제지, 알루미늄 산업을 합치면 전체의 80% 이상을 차지하죠. 결국, 거대한 생산 설비를 갖춘 기업이 에너지 사용을 줄여야 탄소 중립을 이룰 수 있다는 말입니다.

　그렇다고 철과 시멘트, 종이를 당장 사용하지 않을 수 있나요? 우리 생활에 없으면 안 될 부문이잖아요. 따라서 최대한 에너지를 절약하고 에너지 효율을 높이는 것이 중요하겠죠? 또한 온실가스를 내뿜는 화석 에너지에 대한 의존은 점차 줄여서 종국에는 재생 에너지로 움직이는 사회를 만들어야 합니다.

　재생 에너지란 태양의 빛과 열, 바람, 바이오매스(나무, 볏짚, 톱밥 같은 농업·산림의 부산물 또는 동물 배설물 등의 생물 유기체 자원), 수력, 조력, 지열 등 아무리 써도 끊임없이 다시 생겨나는 에너지입니다. 자연을 거의 파괴하지 않아 생태적이고 당연히 온실가스도 배출하지 않습니다. 단, 날씨와 지형, 계절의 변화와 같은 자연적 조건의 영향을 크게 받는 탓에 안정적으로 전기를 만들어 내기 어렵다는 점은 있어요. 하여 재생 에너지 공급이 불안정해졌을 때 이를 해결할 수 있도록 보완적 에너지 공급 시스템을 만들어가야 한다고 합니다.

그런데 기업 입장에서 이산화탄소를 덜 발생시키는 기술을 연구하려면 비용이 들어요. 그럼 제품의 원가가 비싸져 시장에서 외면받기 쉽습니다. 이런 이유로 기업체에 부탁만 해서는 효과가 없는 거예요. 하지만 화석 연료 에너지 시대는 빠르게 저물고 있습니다. 국제 사회에서는 세계적인 대기업 300여 곳이 2050년까지 기업에서 쓰는 전기 전부를 재생 에너지로 조달하겠다고 선언하는 국제 캠페인이 펼쳐지고 있어요. 이윤을 추구하는 기업마저 기후 위기와 탄소 중립은 필수라는 거죠. 이에 정부는 기업들의 눈치를 볼 것이 아니라 이산화탄소를 배출하는 기업에 탄소세를 정당하게 부과하고, 이를 재원으로 '에너지 전환', '신산업 직업 훈련' 등 기후 위기를 대비한 활동과 정책들을 추진해야만 합니다.

탄소 배출 없는 집이 있다구요?

요리하거나 잠자기, 게임 하기, 영화나 음악을 감상할 때에도 에너지가 필요합니다. 우리가 사는 것 자체가 끊임없이 에너지를 소비하는 일이니까요. 그럼에도 불구하고 에너지를 아끼려는 노력은 기후 위기 시대에서 필수라는 거 알고 있죠? 그래서 이산화탄소 배출량을 획기적으로 줄이는 똑똑한 주택이 등장한 겁니다. 이름하여 '제로 에너지 하우스'가 바로 그 주인공이죠. 제로 에너지 하우스는 에너지 소비를 전혀 하지 않는 것을 목표로 하는 집이에요. 냉난방과 샤워도 해야 하는데 어떻게 이산화탄소 배출량을 제로로 만들 수 있다는 거죠? 정말 가능할까요?

지금부터 그 궁금증을 풀어 볼게요. 제로 에너지 하우스는 '액티브 하우스(Active House)'와 '패시브 하우스(Passive House)'를 결합한 것입니다.

먼저 액티브 하우스란 필요한 에너지를 집 자체에서 생산하는 방식을 말해요. 가정용 태양광 발전 패널이나 풍력 발

전기 등을 설치해 전기를 직접 생산해서 쓰고 지열로 물을 데워 샤워하는 등 에너지를 집에서 조달합니다. 정리하면 자연 에너지를 이용하는 시스템을 갖춘 집이죠. 전기가 남을 때는 전기 회사에 공급해 주고 전기가 모자랄 때는 다시 공급받을 수도 있답니다.

한편 패시브 하우스는 집 내부의 에너지나 열이 바깥으로 빠져나가는 걸 막음으로써 에너지 손실을 최소한으로 줄이는 방식이에요. 이런 집을 친환경 건축이라고 합니다. 쉽게 이해하려면 보온병의 구조를 떠올려 보세요. 유리창을 3중으로 만들고 지붕, 벽, 바닥 등 집 안 곳곳에 첨단 단열재를 설치해서 열이 외부로 새나가는 걸 막고 바깥의 차가운 공기도 차단할 수 있지요. 이런 패시브 하우스는 일반 주택에 사용되는 난방 에너지 10분의 1로 실내 온도를 일정하게 유지할 수 있대요. 다만 집안 공기 순환을 위해 환기 장치를 꼭 갖춰야 한답니다.

정말 멋지죠? 그런데 제로 에너지 하우스에 단점은 없을까요?

자연의 이치처럼 제로 에너지 하우스 또한 장단점을 지니고 있습니다. 그것은 건축 비용이 다른 주택보다 비싼 거예요. 그래서 건축 회사나 건축주들이 쉽게 짓지 못하는 문제가 있답니다.

하지만 앞으로 기술이 더 개발된다면 개선될 수 있겠죠? 환경에 해가 없는 재생 에너지를 사용해서 에너지를 자급하고 이산화탄소 배출도 제로인 친환경 주택에서 살아가는 미래를 꿈꿔 봅니다.

시시콜콜 실천하는 탄소 중립

사회 시스템을 바꾸는 '에너지 전환' 뿐만 아니라 사람들의 경제생활 방식을 바꾸는 행동이 중요한 때입니다. 가스보일러를 전기보일러로 대체하는 등 에너지를 절약하고 되도록 재활용을 하며 이산화탄소를 덜 내는 제품을 선택하는 지혜가 요구되는 거죠.

일례로 코로나19가 장기화하며 포장재 쓰레기가 엄청나게 늘어난 것을 알고 있나요? 집에 있는 시간이 길어진 사람들이 온라인 상품 구매와 음식 배달을 많이 시켰기 때문이랍니다. 그때 사용되는 것이 대부분 일회용품이잖아요. 한 번만 쓰고 버려지는 일회용품은 환경을 망가뜨리는 주범이 될 수밖에 없죠. 그래서 일회용품 사용을 줄이는 것도 탄소 중립을 실천하는 방법이에요. 이처럼 탄소 중립은 우리가 관심을 가지면 일상에서 누구나 쉽게 실천할 수 있답니다.

좀 더 구체적으로 알아볼까요?

여름철 냉방 온도는 2도 높이고, 겨울 난방온도는 2도 낮추는 거예요. 조금 춥게 느껴진다면 내복을 입는 것도 좋습니다. 또 아이들은 생각 없이 냉장고 문을 여는 경우가 많은데, 그때 밖의 더운 공기가 냉장고 안으로 들어가게 돼 전기 사용이 늘어나요. 다시 차갑게 해야 하니까요. 특히 냉장고는 3분의 2만 채워두면 에너지 사용량이 적어진대요. 그러니까 냉장고 안에 음식이 너무 많다면 열심히 먹어서 지구를 지키도록 합시다.

또 사용하지 않는 가전제품의 플러그를 뽑으면 대기 전력을 차단할 수 있고요, 깨끗하게 입은 옷은 잘 걸어뒀다가 몇 번 더 입어도 되지요. 세탁물을 모아 세탁기 사용횟수 줄이는 것, 꼭 필요한 경우가 아니라면 따뜻한 물로 세탁하지 않는 것도 에너지를 절약하고 이산화탄소 배출량을 줄이는 방법이랍니다. 물론 세탁한 옷을 건조기보다는 건조대를 이용해 말리는 것이 더 좋겠죠?

이외에도 국산품을 이용하면 운송할 때 발생하는 탄소 발자국을 줄일 수 있으며, 재활용하기 쉬운 재질과 구조로 된 제품 구매하기, 음식물 쓰레기 줄이기, 종이 타월이나 물티슈 대신 개인 손수건 사용하기, 나무 심기 등 의지만 있다면 누구나 자신이 실천할 수 있는 탄소 중립 방법으로 환경을 지킬 수 있답니다.

탄소 중립 여행을 떠나요

 전 세계에서 소비하는 석유의 60% 이상이 자동차를 움직이는 데 쓰인대요. 그러니 배기가스가 얼마나 많이 나오겠어요? 그런데 친환경 차량으로 인정받는 전기차와 수소차는 오염 물질을 거의 배출하지 않아요. 따라서 자동차만 바꿔도 이산화탄소 배출을 굉장히 많이 줄일 수 있는 것입니다. 하지만 현재 전기차의 전기와 수소차에 필요한 수소 대부분을 화석 연료에서 얻고 있는 실정이어서 근본적으로는 자동차 사용 자체를 줄이고 대중교통 이용을 늘리는 게 탄소 중립 효과가 크답니다.

 생각해 보면 장바구니를 가지고 다니는 것도 귀찮고 재활용품을 분리수거하기도 쉽지 않아요. 탄소 중립 실천은 몸에 익지 않으면 번거롭고 불편한 일이 되기 쉽거든요. 자동차로 가면 금방 갈 수 있는 거리인데, 걷거나 자전거를 이용하려면 얼마나 힘들겠어요? 또 왜 나만 이렇게 해야 하지? 혼자 애쓴다고 세상이 달라질까? 의문스럽기까지 해요. 사실이에요. 그런데도 꼭 해야 하나요? 네, 맞습니다.

왜냐하면 내가 해야 다른 사람을 변화시킬 수 있기 때문이에요. 유명인들이 선한 영향력을 전파하는 뉴스를 보면 어떤가요? 타인의 행동에 영향을 줄 수 있다는 건 정말 엄청난 일입니다.

친구나 가족과 함께 산과 들, 바다로 여행을 갈 때 그곳에 탄소 발자국을 남기지 않도록 노력해야 합니다. 특히 산에 쓰레기를 버리는 행동은 절대로 하면 안 돼요. 만약, 과일을 먹은 후 껍질을 버리고 왔다면 그곳에 사는 새와 곤충들이 과일 껍질에 묻어 있는 농약을 먹고 죽을 수도 있답니다.

그렇다고 환경을 걱정만 하고 있으면 안 되겠죠? 보다 적극적으로 행동하는 실천력이 중요해요. 학생이라면 환경 동아리를 만들어 보는 게 어때요? 친구들과 쓰레기 줍기 모임을 만들거나 재활용품으로 만들기를 해서 학교 축제나 마을 행사 때 판매도 할 수 있지 않을까요?

관심 있게 찾아보면 탄소 중립 아이디어는 우리 주변에 많답니다.

가령 빗물을 이용해 수돗물을 아끼는 기술을 '빗물 저금통'이라고 부르는데, 빗물을 받아 뒀다가 텃밭이나 화분에 물을 주기도 하고 청소용으로 쓸 수도 있지요. 양치할 때는 컵에 물을 받아 쓰고, 목욕 시 비누칠할 동안에는 샤워기를 꼭 잠그며 종이는 뒷면까지 쓰는 등 결국 생활 속의 작은 습관들이 모여 지구 환경을 지키는 큰 힘이 된다는 것을 잊지 않아야 합니다.

탄소 중립, 우리도 할 수 있어요!

탄소 중립은 지구에 사는 우리가 꼭 해야 할 일이고, 탄소 중립을 실천하는 하루하루가 모여 지구는 분명 건강해질 것입니다.

탄소중립 51

에필로그

아침에 일어나면 으레히 휴대전화를 확인하고 스위치를 눌러 집안을 밝힙니다. 화장실에 다녀온 뒤에는 뇌를 깨워 줄 커피를 만드는 것이 저의 일상적인 모습이지요.

고백하건데, 열대우림을 사라지도록 앞장서는 커피를…… 아직 끊지 못했습니다. 지구의 허파 역할을 하는 이곳이 사라지면 지구 온난화를 피할 수 없는데도 말이죠.

커피 경작지를 만들기 위해 나무들을 벌목하면 햇빛을 가려 주던 잎이 사라져 땅이 단단하게 굳습니다. 그러면 비가 와도 물이 땅속으로 스며들지 못해서 홍수가 나고 말아요. 더이상 물을 흡수할 뿌리도 없으니 비가 안 오면 금방 가뭄이 들겠죠? 황사 바람이 불고, 여름에는 고온 현상, 겨울에는 급격한 저온이 이어집니다. 숲에 살던 다양한 생물들 역시 함께 사라지죠. 이렇게 기업식 커피 재배가 토양의 척박화를 부추깁니다.

이를 알면서도 저는 아직 커피를 마십니다. 한 잔의 커피를 마시며 꼭 그렇게 죄책감을 느껴야 할까 반문하면서요. 맞습니다. 무엇인가를 실천하는 것은 참 힘든 일이에요. 자신이 좋아하는 것을 과감히 포기하고 불편한 것을 참아야 하기에 더 부담스럽습니다.

그래서 제가 선택한 방법은 '일주일에 한 번만 커피 마시지 않기'입니다. 환경문제를 해결하는 데 가장 중요한 것은 작은 하나라도 '실천'하는 것이니까요!

생각해보면 커피를 마시는 이유가 바쁜 일상에 잠시 여유를 갖는 의미도 있지만, 주로 카페인의 집중력 향상 때문이거든요. 하여 업무 능력 향상이 필요치 않은 주말에는 커피를 마시지 않아도 괜찮겠죠?

또 외출하지 않는 날에는 샤워를 하지 않습니다. 귀찮아서가 아니에요. 물을 아껴야죠! 샴푸한 후에도 헤어드라이어를 사용해 머리를 말리지 않습니다. 다행히도 반곱슬머리라 헤어드라이어 없이도 헤어스타일이 연출돼 다행이지만. 가까운 거리는 걷고 승용차보다 지하철을 이용하기 위해 노력 중이에요. 정말이지, 아는 것이 힘입니다. 하지만 보다 중요한 것은 -다시 한번 더 강조합니다- 작은 것 하나라도 실천하는 것이에요.

만약, 온난화가 계속되면 지구는 어떻게 될까?

기후위기에 대응하기 위해 전 세계는 어떤 노력을 하고 있을까?

지속 가능한 생태계를 만들 수 있는 실천 방법은 무엇일까?

깨끗한 공기, 맑은 물, 아름답고 풍요로운 자연환경을 보존하려면 나의 행동부터 되돌아보고 친환경적 생활 태도를 잃지 않아야 합니다.

국제환경발전연구소가 1980년부터 2005년까지 국가별 인구 증가와 온실기체의 배출 증가량을 비교한 분석에 따르면, 인구 증가보다는 사람들의 소비 수준이 온실기체 배출량의 증가와 관련이 컸다고 합니다. 영국 런던의 경우 1941년부터 인구는 꾸준히 감소했고 중공업이 거의 없었지만 온실기체 배출량은 몇 배나 늘었는데, 이는 과도한 소비 패턴 때문이라는 것입니다. 따라서 개인들이 친환경적인 생활을 하는 것이 기후변화를 해결하는 방법이라는 것이죠.

그런데 기후위기를 인류사 최대 사기극으로 주장하는 일부의 사람들도 있습니다. 해수면이 상승해 해안 도시가 침수되고 많은 섬나라가 바다 밑으로 가라앉는다는 공포는 명백한 거짓말이래요. 매년 더위보다 추위로 죽는 사람이 더 많기에 지구의 기온 상승은 오히려 생명을 구하고 있다는 것입니다. 심지어 대기 중의 이산화탄소 증가는 농업 생산을 높여서 지구를 푸르게 하고 경작 가능한 지역을 확대한다고 말해요. 또다시 세상은 넓고 다양한 생각과 의견이 존재할 수 있다는 것을 실감하는데요, 그래서 기후재해가 현실이 되지 않는다면 얼마나 좋을까요?

미래의 기후변화는 피할 수 없는 인류 공동의 문제입니다. 선한 의지로 실현하지 않으면 미래의 지구는 없을지도 몰라요.

지구 온난화를 일으키는 온실기체를 감축하기 위해 정부는 산업계와 국민이 동참할 수 있는 정책을 세워야 합니다. 기업 또한 탄소 중립 경영을 도입해서 경쟁력을 높이고, 소비자의 호응을 끌어내야 할 것입니다. 가정과 학교, 지역사회 등 모두가 협업하여 우리 삶에 실질적으로 반영될 수 있는 기후변화 대응책을 마련한다면 희망은 있지 않을까요? 물론 국제사회의 노력까지 합쳐져야 하겠죠.

기후위기를 걱정만 하거나 포기하고 아무런 대응 노력을 기울이지 않는다면, 혹은 너무 늦게 행동한다면, 미래 세대에게 재앙이 될 것은 분명합니다. 우리의 선택과 행동이 부메랑이 되어 기후재해로 다시 돌아올 테니까요!

신영미

와이키키남매의 요리교실

식용 곤충 맛있게 먹기!

#미래식량 #식용곤충 #와이키키남매

와이키키 남매를 영상으로 만나보세요.

아래 QR코드를 찍으면 유튜브 <와이키키남매> 채널에서 더 자세하게 볼 수 있습니다.

와이키키남매
유튜브 만나러 가기!
▼

우리도 할 수 있어! 탄소중립

발행일 | 2022년 11월 28일

지은이 | 신영미
사　진 | 박해인
캐릭터 | 김수정, 강문주
펴낸이 | 신영미
편　집 | 신건희
펴낸곳 | 씨엘미디어
주　소 | 부산시 해운대구 수영강변대로 140
전　화 | 070-8065-0897
이메일 | kogeang@naver.com

ⓒ 신영미 2022

저작권법에 의해 보호를 받는 저작물이므로 무단 전재와 무단 복제를 금합니다.
ISBN 979-11-974830-1-1 63450
값 12,000원

* 이 도서는 문화체육관광부와 부산광역시, 부산정보산업진흥원의 2022 부산 콘텐츠코리아 랩 B-CON 스타트업 사업화지원 사업의 지원을 받아 제작되었습니다.